Andrea Navarro G. ~ Pablo Ruiz T.

El gran libro del cambio climático

Asesoría científica del
Dr. José Luis Iriarte

Beascoa

Edición revisada y actualizada en 2024.

Primera edición: noviembre de 2024

Merced 280, piso 6, Santiago de Chile
Teléfono: 22782 8200
www.megustaleer.cl

8950 SW 74th Court, Suite 2010
Miami, FL 33156

Agencia Nacional de Investigación y Desarrollo /
FONDAP 15150003 / Centro IDEAL, UACh

Impreso en Colombia - *Printed in Colombia*

ISBN: 979-88-909819-4-3

24 25 26 27 28 10 9 8 7 6 5 4 3 2 1

Índice

Presentación

¿Qué tienen en común una persona de Reikiavik (Islandia) y una de Punta Arenas (Chile)? Sí, las dos viven en zonas muy frías, pero hay algo más importante que las une: ambas actualmente están sufriendo los efectos del cambio climático.

A ratos el futuro del planeta parece desolador, pero lo cierto es que ¡todavía estamos a tiempo de salvarlo! Con simples acciones, como transportarnos en bicicleta y evitar el uso del automóvil, podemos aportar en el cuidado del medioambiente.

El gran libro del cambio climático presenta información científica actualizada de los principales efectos de esta problemática y busca concientizar a través de relatos ilustrados sobre una de las mayores amenazas para el equilibrio de la vida.

Sumérgete en estas historias escritas y dibujadas desde uno de los lugares más remotos de la Tierra: Punta Arenas.

¡Uf, qué calor!

¿Recuerdas cómo te sentiste la última vez que tuviste fiebre? ¿Estabas tan débil que no podías correr, leer ni jugar? ¿Te dolía la cabeza y debiste tomar mucha agua para recuperarte?

La temperatura promedio de los humanos es de 37 grados Celsius, y cuando esta aumenta, empezamos a sentirnos mal. ¡Ese malestar es la **alerta** que envía el cuerpo para que nos protejamos!

Algo muy parecido a la fiebre es lo que está sufriendo nuestro planeta. ¡Debemos tomar medidas urgentes para curarlo y evitar que empeore!

Se estima que el mundo alcanzará un calentamiento de 1,5 grados Celsius entre los años 2030 y 2052... ¡Apenas dentro de una década!

Pero ¿sabes por qué está aumentando la temperatura de la Tierra?

Fuente: IPCC (2019) | *Special Report on Climate Change and Land.*

BROOOM!!
AAAAaaa
FLASHH
RINGG!!
GONG!
GONG

La historia del mundo

¿Te imaginas cuántos años tiene nuestro planeta? Aproximadamente 4.600 millones. ¡Sí, millones de años! Desde su origen, la Tierra ha pasado por distintos períodos naturales de calentamiento y congelamiento, igual que una montaña rusa que sube y baja.

 Fuente: Ediciones Ekaré (2014) | Cambio climático.

Hubo un tiempo en que no existían **industrias**. Pero ¡hoy tenemos muchas! Para funcionar, las fábricas utilizan energía obtenida de la quema de combustibles fósiles, como **gas**, **carbón** y **petróleo**, que hacen que la temperatura del planeta aumente… **y aumente. ¡Y aumente!** Esta variación tan grande, y que tiene consecuencias negativas para las especies vivas, es lo que conocemos como **cambio climático**.

El famoso efecto invernadero

¿Has entrado alguna vez a un invernadero? Son espacios cubiertos por plástico que permiten conservar una temperatura promedio en su interior para preservar la vida de las plantas.

En nuestro planeta ocurre lo mismo a través del llamado **efecto invernadero**. Gracias a él, la atmósfera captura los rayos de sol que llegan a la corteza terrestre, manteniéndolos dentro y generando una temperatura promedio de 15 grados Celsius.

Si este fenómeno no existiera, ¡nuestro hábitat estaría completamente congelado! Se estima que la temperatura del planeta bordearía los -18 grados Celsius y, por lo tanto, la sobrevivencia de los seres humanos sería muy difícil.

El gran problema de las últimas décadas es que, debido al cambio climático, el efecto invernadero se ha magnificado, aumentando la temperatura de la Tierra. Esto está generando múltiples consecuencias al medioambiente y los seres vivos.

Los gases invernaderos más comunes son el dióxido de carbono, el óxido nitroso y el metano. Sin embargo no son los únicos.

Fuente: Editorial Hueders (2019) | Cambio climático.

¿Cómo funciona el efecto invernadero?

Utilizamos energía cada vez que:

- ✓ Nos duchamos con agua caliente.
- ✓ Usamos un auto.
- ✓ Encendemos un televisor o un celular.

¡Entre muchas otras acciones cotidianas!

Todas estas actividades se realizan mediante la quema de combustibles fósiles, que luego se convierten en electricidad y calor.

1 Los gases producidos por los seres humanos se acumulan en la atmósfera y forman una capa que retiene el calor. ¡Es como si estuviéramos construyendo un gran muro que rodea la Tierra!

3 Como resultado, el clima del planeta ha comenzado a cambiar, causando problemas para nuestra supervivencia.

Fuente: NASA (2019) | *What is the greenhouse effect?*

El impacto actual del cambio climático

Cada vez que transformamos el suelo en cultivos estamos dañando el planeta. La agricultura y la deforestación son considerados dos de los rubros que más gases de efecto invernadero emiten.

Los medios de transporte también hacen lo suyo. Los aviones, al tener grandes motores y utilizar miles de litros de combustible, contaminan más que los trenes y automóviles. Además, muchos de los productos que compramos en el supermercado son fabricados en industrias, y antes de llegar a las estanterías pasan por un largo proceso de producción.

 Fuente: OECD (2018) | *The role of agriculture in global GHG mitigation.*

Pero ¿se te ocurre qué es lo que más produce emisiones? Aquí hay tres pistas:

1. Nos otorga luz.
2. Gracias a ella podemos calefaccionar nuestras casas.
3. La utilizamos a diario.

Y la respuesta es... ¡la producción térmica y eléctrica!

La energía que los seres humanos ocupamos de forma cotidiana para prender un televisor, usar la lavadora, calentar la comida o dar calor a nuestro hogar es considerada la más perjudicial.

La extensión de la capa de nieve del Ártico registra una pérdida total de aproximadamente 2.5 millones de kilómetros cuadrados.

¿En qué lugares se han visto los efectos del cambio climático?

Estos son algunos de los eventos meteorológicos relacionados con el fenómeno que se han producido en el mundo.

En Nueva York se predicen temperaturas de hasta 50 grados Celsius para el verano.

Chile ha experimentado una megasequía en la zona centro-sur.

La intensidad de los incendios forestales podría aumentar debido al alza de temperaturas ocasionadas por el cambio climático.

El 87 por ciento de los glaciares de la Península Antártica ha retrocedido en los últimos sesenta años.

 Fuentes: NASA | NATURE | SCIENCE | IPCC.

Julio de 2019 fue considerado el mes más caluroso de la historia del planeta en el hemisferio norte. ¡La ciudad de París alcanzó un récord de 42,6 grados Celsius!

Gran parte de Siberia podría pasar a ser habitable a fines del siglo XXI debido al cambio climático.

En los océanos Pacífico y Atlántico, la intensidad de las megatormentas (tifones, ciclones, huracanes) se ha incrementado.

Durante 2018, Sudáfrica experimentó la peor sequía de su historia. En Ciudad del Cabo las personas debieron hacer filas para obtener su ración diaria de agua, porque dejaron de tenerla en sus casas.

Los océanos se están acidificando, lo que provoca efectos negativos en los ecosistemas marinos. La Gran Barrera de Coral se ha visto fuertemente afectada por este fenómeno.

Selva en llamas

En Sudamérica hay una larga región selvática llamada **Amazonía**, donde se encuentran los bosques tropicales más grandes de la Tierra. Este lugar ha sido afectado por incendios forestales, y en los últimos años ha tenido períodos de **sequía extrema** que posiblemente estén asociados al cambio climático.

¿Has escuchado decir que los bosques son como los pulmones del planeta? Se les dice así porque producen parte del oxígeno que todos necesitamos respirar para estar vivos.

A lo largo de la historia, los seres humanos hemos destruido millones de árboles. ¿Se te ocurre por qué? Tómate un tiempo para pensarlo.

La principal razón es porque hemos utilizado esas tierras para desarrollar la agricultura, ganadería y forestación.

¿Acertaste?

Fuente: BBC (2019) | *Amazon fires: What's the latest in Brazil?*

Un país cada vez con menos lluvia

Desde el año 2010 en Chile llueve menos, ¡mucho menos! Las precipitaciones han bajado en un 30 por ciento entre las regiones de Coquimbo y de La Araucanía.

¿Has visto qué le pasa a una planta si no la riegas? Las hojas se van poniendo amarillas y cafés hasta secarse por completo.

 Fuente: (CR)2 (2015) | La megasequía 2015-2015: Una lección para el futuro.

Lo mismo les ocurre a los cultivos si no reciben lluvia, pero este daño tiene una dimensión mucho mayor. Además de los árboles, ¡imagínate cómo sufren los animales por la sequía! Se deshidratan y tienen menos comida.

Esta falta de precipitaciones se ha producido justo en la década **más cálida** en los últimos **cien años** en todo el planeta. Por lo mismo, científicos chilenos ya usan el término de **megasequía** para describir el fenómeno.

Menos abejas, menos alimentos

¡Bzzzz! ¡Bzzzz! ¡Bzzzz!

Si te asustan las abejas, aquí va un dato que te hará quererlas: gran parte de la **alimentación mundial** depende del proceso de **polinización** que ellas hacen. O sea, llevar polen de flor en flor.

Lo triste es que cada vez hay menos abejas en la Tierra. El uso excesivo de pesticidas, ciertas labores agrícolas y, ¡por supuesto!, las temperaturas más altas asociadas al cambio climático han hecho que vayan desapareciendo.

Sin abejas, los cultivos de **café**, **manzanas**, **almendras**, **tomates**, **cacao** (entre otros) se verán muy afectados.

 Fuente: Ediciones Ikaré (2014) | Cambio climático.

Los arrecifes fantasmas

¿Sabes qué es un arrecife de coral? Imagina una gran casa donde viven variados peces, pulpos, anguilas, entre muchas otras especies marinas. Estos arrecifes se encuentran en las zonas tropicales de nuestro planeta y llaman la atención de miles de turistas por su colorido y fascinante biodiversidad. Por desgracia, son altamente sensibles al cambio climático y se han visto perjudicados.

La **Gran Barrera de Coral de Australia** es la más extensa del mundo. Producto del calentamiento de los océanos se han perdido cerca de 1.500 kilómetros de este arrecife y el número de nuevos corales ha disminuido de forma drástica.

A medida que las aguas se hacen más ácidas, el fondo marino se vuelve blanco y los organismos, cuyos esqueletos o conchas contienen carbonato de calcio, sufren los efectos. Esto puede retrasar su crecimiento o incluso disolverlos.

¿Imaginas sumergirte en las profundidades y encontrar arrecifes blancos? Sería como hallar una ciudad fantasma bajo la superficie.

Fuente: Australian Government (2019) | *Great Barrier Reef Outlook Report.*

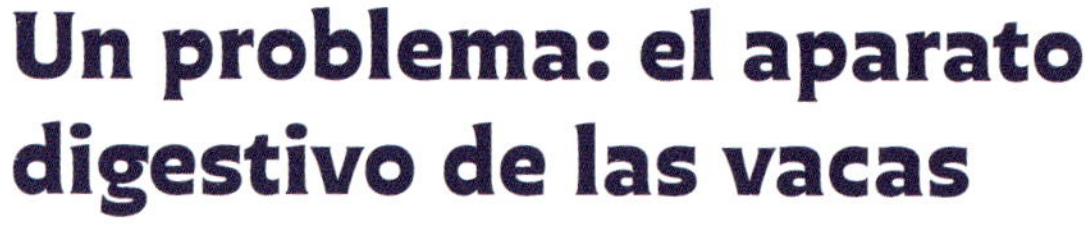

Un problema: el aparato digestivo de las vacas

¿Has escuchado esto alguna vez?: «Si comes menos carne y productos lácteos, ayudarás a reducir el impacto ambiental en el planeta».

Además de la cantidad de agua y energía que se invierte en producir carne (y de la contaminación que se genera), hay otra razón que justifica esto. Las vacas, y otros animales como las ovejas, los cerdos y las cabras, liberan metano a través de flatulencia y de su caca luego de hacer el proceso digestivo. Y el metano es uno de los gases que más propicia el efecto invernadero.

Fuente: The Guardian (2019) | *The planet's prodigious poo problem.*

La huella que dejamos en el planeta

La huella de carbono es una de las formas que existen para medir las emisiones de gases del efecto invernadero. Este indicador busca cuantificar el impacto que provocan las actividades del ser humano en el medioambiente.

Para calcular la huella de carbono de un producto es preciso estimar su «ciclo de vida», el que comienza cuando se extrae la materia prima necesaria para su elaboración. Continúa con la producción, distribución, consumo y termina cuando... **¡se convierte en residuo!**

 Fuente: CEPAL (2013) | Cálculo y etiquetado de la huella de carbono.

Imagina que caminas por un parque en un día muy caluroso. Pasas a comprar un jugo y te lo sirven en un vaso con una bombilla plástica. Cada una de estas bombillas está elaborada a partir de **combustibles fósiles**, que posteriormente son **procesados en una fábrica** que los transforma en **plástico**. Luego se distribuyen en barcos para llegar a otras partes del mundo y finalmente son repartidas en camiones a las distintas ciudades.

Todos estos pasos generan contaminación, pero lo peor es que, una vez utilizadas, ¡se van directo a la basura!

El apetecido krill antártico

¿Conoces el **krill**? Es un crustáceo más pequeño que la palma de tu mano y habita en el Océano Austral. Sin él, la vida en la Antártica no sería como la conocemos hoy porque es el **principal alimento** de ballenas, focas, pingüinos, aves marinas y peces.

También es muy apetecido por los humanos. El paté de krill y los snacks de krill seco son comercializados en la actualidad. Además, se usa en aditivos de alimentos para la acuicultura y en la industria cosmética.

Tras realizar un estudio en la Península Antártica, un grupo de científicos se encontró con una lamentable sorpresa: en las últimas cuatro décadas, la distribución del krill se ha desplazado cerca de 440 kilómetros. ¿Y sabes por qué? Precisamente porque las aguas han sufrido un calentamiento importante y han disminuido las zonas de hielo.

Fuente: Nature (2019) | *Krill* (Euphausia superba) *distribution contracts southward during rapid regional warming.*

Sube, sube, sube...

Imagina que en un vaso transparente pones agua y agregas tres cubos de hielo. Si lo dejas cerca de una fuente de calor, los cubos de hielo se derretirán más rápido que si estuvieran a temperatura ambiente.

Las aguas de la Tierra están viviendo algo similar a esto, pero a una escala mucho mayor. Los cubos de hielo representan los glaciares y grandes plataformas de hielo, y el agua del vaso nuestros océanos.

Si las emisiones siguen creciendo con fuerza, se estima que el aumento del nivel del mar podría llegar incluso a los 110 centímetros, lo que equivale, por ejemplo, al tamaño promedio de un niño de seis años.

De seguro estarás preguntándote quiénes serán los más afectados ante esta situación. Además de las zonas costeras cercanas a los polos, las islas tropicales sufrirán las consecuencias, porque sus comunidades viven del mar.

 Fuente: IPCC (2019) | *Special Report on the Ocean and Cryosphere in a Changing Climate*

Un millón de especies amenazadas

¿Sabes cuántas especies de animales y vegetales hay en la Tierra? ¡Son tantas que es difícil acertar en un número! Se calcula que existen más de ocho millones y que un millón de ellas estaría en peligro de extinción.

Los cambios en el uso de la tierra y el mar, la explotación directa de organismos, el calentamiento global, la contaminación y las especies invasoras son los principales factores que amenazan la flora y fauna del planeta.

 Fuente: IPBES (2019) | *IPBES Global Assessment Report.*

Tesoros bajo hielo

El **permafrost** es la capa de suelo que está congelada de forma permanente. Se encuentra principalmente en las zonas polares, en las regiones de altas montañas y en los océanos Ártico y Austral. Su grosor puede ir desde un metro hasta ¡más de un kilómetro!, y su edad geológica bordea los 15 mil años.

Fuente: ABC (2019) | Fiebre por el mamut de Siberia.

El acelerado derretimiento del permafrost en Siberia, una de las regiones menos pobladas del mundo, dejó al descubierto **huesos de mamuts** que ¡han estado extintos por miles de años! Estos hallazgos han sido considerados verdaderos tesoros arqueológicos.

Sobre las nubes

A pesar de que permite el desplazamiento de millones de personas, el avión es considerado el medio de transporte que más quema combustible fósil. De hecho, se estima que a nivel mundial la aviación contribuye aproximadamente al 2 por ciento de las emisiones del efecto invernadero.

En 2019, la activista medioambiental Greta Thunberg declinó tomar un avión y optó por viajar desde Plymouth (Inglaterra) a Nueva York (Estados Unidos) a bordo de un velero cero emisiones para participar en la Cumbre sobre la Acción Climática de Naciones Unidas (ONU). Gracias a este ejemplo, en Suecia –su país de origen– el movimiento Flygskam o «vergüenza de vuelo» ha tomado fuerza y la cantidad de pasajeros en vuelos nacionales comenzó a disminuir.

Fuente: Nature (2019) | *Increased shear in the North Atlantic upper-level jet stream over the past four decades.*

Un reciente estudio reveló que producto del calentamiento global la posibilidad de toparse con una zona de turbulencias en los vuelos que cruzan el Océano Atlántico podría duplicarse e incluso triplicarse en las próximas décadas. Esto debido al aumento de los vientos.

La marcha de los glaciares

Los Campos de Hielo Norte y Sur, ubicados en la Patagonia, en la frontera de Chile y Argentina, se encuentran dentro de las cinco extensiones de hielos continentales más grandes del mundo.

Específicamente en los Campos de Hielo Sur, la mayoría de los glaciares ha sufrido disminución y división de superficie. Por ejemplo, el Glaciar O'Higgins, también conocido como Ventisquero Grande, experimentó una **pérdida de más de 120 hectáreas de hielo**.

Chile tiene una de las reservas más grandes de agua dulce del planeta. De acuerdo con el último inventario realizado en 2014, en el país existían 23.641 kilómetros cuadrados de glaciares. Sin embargo, en 2018 la superficie glaciar bajó a 21.647 kilómetros cuadrados, lo que equivale a ¡ocho piscinas olímpicas!

 Fuente: DGA (2019) | Inventario Público de Glaciares.

Las grandes masas de hielo sufren fracturas, retroceden y se derriten. Diversos estudios científicos han mostrado que el cambio climático, junto a otros factores como las intervenciones mineras o las excursiones turísticas, están acelerando esos procesos.

Partir de casa

La «migración ambiental» es un fenómeno que se refiere a todos aquellos desplazamientos causados directa o indirectamente por la emergencia climática. ¿Imaginas cuáles podrían ser las razones?

La inundación de zonas costeras producto del aumento del nivel del mar y la disminución de las cosechas por la escasez de agua son algunas de ellas.

Los desastres naturales han impedido que millones de personas puedan desarrollar sus vidas con normalidad, viéndose obligadas a dejar sus hogares o ser evacuadas de su lugar de origen por los cambios en el hábitat.

Si no se toman medidas, para el año 2050 se estima que más de 143 millones de personas se habrán desplazado dentro de sus respectivos países en África Subsahariana, Sudeste Asiático y América Latina.

Fuente: ONU (2019) | Migración y crisis del clima: ¿Qué soluciones propone la ONU?

El planeta no está solo

Si el cambio climático ha sido ocasionado por los seres humanos, ¿cómo podemos unirnos para proteger al planeta?

¿Has escuchado hablar de París, la capital de Francia? Seguro sabes que es la ciudad del amor, el arte y la cultura. En el año 2015, después de dos semanas de negociaciones, se convirtió en el escenario de un histórico episodio para combatir el cambio climático. A orillas del río Sena y en medio de deslumbrantes patrimonios arquitectónicos, los principales líderes mundiales llegaron a un importante consenso llamado el **Acuerdo de París**.

Fuente: ONU (2016) | El acuerdo de París.

El **Acuerdo de París** tiene como objetivo principal evitar que la temperatura media global aumente 2 grados Celsius, y compromete a todos los firmantes a realizar esfuerzos para limitar este incremento, como máximo, a 1,5 grados.

Hoy existen 187 países que son parte de la Convención Marco de las Naciones Unidas sobre el Cambio Climático (CMNUCC) que ratifican la iniciativa. A pesar de que hay quienes aún no lo consideran suficiente, el Acuerdo de París sigue siendo el compromiso más importante para reducir las emisiones a nivel global.

¿No te parece una gran iniciativa?

El final lo eliges tú

No tenemos una máquina para viajar al futuro y ver cómo será nuestro planeta dentro de unos años, pero sí sabemos que el cambio climático está transformando nuestra forma de vivir ¡y que aún estamos a tiempo de hacer algo!

Algunos países están realizando **cambios importantes** para ayudar a la Tierra. Por ejemplo, **Bután**, un pequeño reinado de poco más de 800 mil habitantes, ubicado en plena cordillera del Himalaya, fue la primera nación en el mundo en tener una **huella de carbono negativa**, lo que significa que absorbe más dióxido de carbono del que emite.

Fuente: National Geographic (2017) | *Visit the world's only carbon-negative country.*

¿Sabes cómo lo lograron?

Crecieron inmensamente en la plantación de árboles, flores, plantas e incentivaron el uso de las energías solar y eólica para disminuir la contaminación y limpiar su entorno. ¡Qué buen resultado tuvieron!

Todos nosotros podemos aportar un granito de arena para combatir el cambio climático. Disminuir el consumo de carne, evitar el desperdicio de comida, preferir el transporte público y apagar las luces para ahorrar electricidad son pequeñas acciones que ayudarán a la Tierra.

¡El final lo eliges tú!

Andrea Navarro Gezan

Es periodista y amante de los viajes. Ha recorrido más de cuarenta países en búsqueda de aventuras, y espera conocer cada rincón del mundo. Su colección de magnetos es más grande que su refrigerador.

En los últimos cuatro años se ha dedicado a traducir información científica para la sociedad. Hoy se desempeña como coordinadora de comunicaciones del Centro de Investigación Dinámica de Ecosistemas Marinos de Altas Latitudes, en Punta Arenas.

Pablo Ruiz Teneb

En su familia corre la leyenda de que a todos los vomitó una ballena. No ha parado de dibujar desde que nació, por lo que está seguro de que la ballena, además, traía en una de sus aletas un lápiz. En sus viajes a la Antártica la ha buscado incansablemente.

Es fotógrafo, ilustrador, diseñador gráfico y director de arte. Actualmente es el encargado del área de diseño y crossmedia del Instituto Antártico Chileno.